DU

CRÉDIT EUROPÉEN

PAR

A. MANCEL DE VALDOUER

Fondateur de la *Sécurité commerciale* et du *Crédit maritime*.

« Banking, in a commercial community,
» is every man's affair. »

HARDCASTLE.

PARIS

IMPRIMERIE CENTRALE DE NAPOLÉON CHAIX ET Cⁱᵉ.
Rue Bergère, 20, près du boulevard Montmartre.

1857

[illegible]

[illegible]

PARIS

[illegible]
[illegible]

CRÉDIT EUROPÉEN

PAR

A. MANCEL DE VALDOUER

Fondateur de la *Sécurité commerciale* et du *Crédit maritime*.

« Banking, in a commercial community,
» is every man's affair. »

HARDCASTLE.

PARIS

IMPRIMERIE CENTRALE DES CHEMINS DE FER DE NAPOLÉON CHAIX ET Cᵉ,

RUE BERGÈRE, 20.

1857

DU

CRÉDIT EUROPÉEN

EXPOSÉ.

En nous proposant de créer et d'organiser le *Crédit Euro-péen*, nous ne nous sommes point dissimulé l'importance de la tâche, que nous nous imposions. Nous savons que l'éta-blissement d'une société financière quelconque est une œuvre fort grave qui ne doit être abordée qu'avec des connaissances essentiellement pratiques et après le plus mûr examen.

S'il en est ainsi d'une simple société, quel recueillement ne faut-il pas apporter dans la fondation d'une institution destinée à s'étendre sur l'Europe entière, et se proposant la haute mission d'organiser le Crédit et d'harmoniser entre les divers États la circulation financière, c'est-à-dire la puissance créa-trice du bien-être général.

En entreprenant cette tâche, n'avons-nous pas trop pré-sumé de nos forces? Nous n'oserions affirmer le contraire.

Mais dans ce cas nous espérerions encore trouver notre excuse dans l'urgente utilité de l'institution que nous voulons fonder, utilité et urgence unanimement constatées par la science économique et par les hommes d'une compétence pratique.

Disons tout de suite que, d'abord guidées par de timides espérances, nos premières tentatives s'étaient bornées à l'étude de la situation financière, industrielle et commerciale des cinquante-quatre États composant l'Europe, tant au point de vue particulier de chacun d'eux que sous le rapport de leurs relations internationales; et ce n'est qu'après avoir soumis le résultat de nos recherches aux lumières de capacités incontestées et après avoir reçu l'approbation et les encouragements d'un ministre des finances faisant autorité en Europe, que nous nous sommes déterminé à formuler le projet du Crédit Européen et à en poursuivre la réalisation.

Nous allons examiner ce que nous entendons par *Crédit Européen*, en prévenant nos lecteurs qu'il n'existe aucune analogie entre les principes de l'institution que nous fondons et ceux qui ont présidé à l'établissement des divers Crédits mobiliers existant en Europe. Nous le démontrerons, du reste, dans la suite de ce travail, en traitant des banques privilégiées et des sociétés de crédit actuelles.

Nous adressant spécialement aux hommes pratiques, nous n'avons nul besoin d'entreprendre une dissertation théorique; et s'il nous arrive de toucher quelquefois à la science économique, ce ne sera que par le côté des chiffres et des faits.

Pour appuyer les principes que nous allons développer, nous invoquons l'autorité d'un grand nombre d'économistes et de financiers, bien que souvent ils soient partis de points de vue opposés au nôtre, tels que Lemontey, Dutot,

Forbonnais, Turgot, Necker, Locke, Ricardo, Jones Loyd, M'Culloch, Robert Peel, Adam Smith et autres.

L'un d'eux, M. le baron de Bruck, ministre des finances d'Autriche, a dit : « Que les pouvoirs constitués et même de- » puis longtemps établis, sont impuissants à créer le numé- » raire » (Vienne, décembre 1855) ; un autre, Marie Augier, dans son histoire du *Crédit public :* « que le crédit est un » besoin de la société humaine, une nécessité aussi impérieuse » que celle de l'alimentation. »

Nous ne prétendons pas entrer dans l'examen de ces diverses questions. Notre rôle n'est pas d'ajouter aux théories qui se sont déjà produites. Nous préférons une simple preuve aux plus savantes affirmations, et nous allons essayer de l'établir.

Afin d'arriver à la plus grande clarté possible, nous diviserons notre travail en cinq parties. La première traitera de la situation financière de l'Europe ; la seconde, des banques et des Crédits mobiliers ; la troisième, de l'organisation du Crédit Européen ; la quatrième, des opérations du Crédit Européen, et la cinquième, de la réfutation des principales objections.

Mais avant d'entrer en matière, disons deux mots des *échanges* et des *monnaies*.

Dans notre société humaine, le mouvement social peut, pour ainsi dire, se résumer dans ces deux grands axiomes : *Produire, Consommer*.

Le besoin de consommer est inhérent à la nature même de l'homme ; le besoin de produire en est la conséquence immédiate ; mais les hommes, n'ayant pas les mêmes aptitudes et les mêmes moyens de production, ont dû avoir recours aux échanges, et de ce besoin sont nées les premières opérations *financières* et de *crédit*.

Lors de l'organisation des hommes en société, les échanges se firent en nature, et de nos jours encore les relations commerciales avec diverses peuplades sont établies au moyen du troc; mais bientôt les difficultés nombreuses que suscitait l'inégalité de valeur des objets à échanger firent adopter comme monnaie de troc ou *monnaie primitive*, une marchandise commune, de valeur peu variable et facile à diviser, telle que le blé, le sel, les cuirs, etc.

Plus tard, les échanges eurent lieu au moyen d'une *monnaie transitoire;* monnaie en or, en argent, en cuivre, etc.

De nos jours, on arrive à remplacer la monnaie de métal par la *monnaie de papier*. Celle-ci comprend les billets d'État, les billets de banque et les billets particuliers. Elle est, dans notre système actuel, ainsi que nous le démontrerons, la *monnaie parfaite*.

Nous ne rappellerons pas les diverses garanties que devaient présenter les monnaies primitives, ni celles qui sont exigées des monnaies transitoires; nous dirons seulement que la monnaie de papier, véritable *monnaie d'échange* et de *circulation*, doit *représenter suffisamment* la valeur réelle de l'objet échangé, pour être à son tour et sans difficulté, échangée contre un objet de valeur égale.

Cette garantie commande la confiance générale, et celle-ci constitue le crédit.

Or le caractère essentiel de la valeur d'échange n'est pas de *valoir* les richesses, mais bien de les *représenter*.

La valeur d'échange doit être un principe; le billet de banque, seul, répond à cette nécessité économique. Le capital *numéraire* ne peut être et n'est qu'un instrument. C'est une marchandise détournée de ses véritables fonctions. Dans notre organisation actuelle, on pourrait dire que l'échange n'existe pas et que *vendre une chose, c'est acheter de l'argent.*

Employés aux échanges, l'or et l'argent ne rendent que des services onéreux. Ces métaux réduits ainsi à l'état de *valeur morte* (Adam Smith, *wealth of nations*), ne peuvent s'obtenir qu'au moyen de valeurs commerciales et à un prix relativement supérieur à celui de tout autre produit.

Mais si l'or et l'argent sont, par leur nature même, impropres au rôle de valeurs d'échange, l'économie rationnelle leur réserve, dans le grand mouvement social, des fonctions non moins importantes.

A tout échange de produits différents il faut un *type de rapport,* un *étalon,* une *mesure,* et les métaux précieux, seuls, sont propres à cet emploi.

De son côté, la monnaie fiduciaire, c'est-à-dire le billet de banque, convient essentiellement aux fonctions de valeurs d'échange et de circulation.

Ces principes posés, nous allons examiner la situation économique et financière de l'Europe, pour en apprécier les véritables besoins.

Avant l'organisation des chemins de fer et de la télégraphie électrique, les diverses nations européennes se connaissaient à peine; aujourd'hui l'Europe forme pour ainsi dire un seul État, et chaque État un département. Lord Dudley Worth avait déjà dit à ce sujet, il y a près de deux siècles, en 1661 : « Le monde, relativement au commerce, n'est qu'une seule nation, et conséquemment les nations ne doivent être considérées que comme des particuliers (1). »

Alors les échanges ne s'effectuaient guère au delà d'une

---

(1) M. Paul Coq. *La monnaie de banque,* etc., 1857.

province, à l'exception de ceux qui avaient lieu d'un port de mer à un autre port de mer; actuellement la circulation sous toutes les formes devient de jour en jour plus rapide : la navigation à vapeur a partout remplacé la navigation à voiles; les transports par voie de fer se sont substitués aux transports par diligence et par roulage ; et en dix minutes, grâce à la télégraphie électrique, Constantinople peut savoir qu'il nous faut des tapis, et Saint-Pétersbourg, si nous manquons de cuirs ou de suifs.

Cette situation nouvelle a donné un tel essort à l'industrie et au commerce, que la masse des richesses mobilières s'est accrue dans des proportions considérables, et que les besoins d'échange se sont plus que centuplés.

Nos institutions de crédit et de banque se sont-elles réorganisées ou seulement développées en raison de cette grande révolution économique? Nos valeurs de circulation servant aux échanges sont-elles aujourd'hui en harmonie avec l'importance de leurs fonctions?

Il nous sera facile de démontrer que toutes les anciennes institutions de crédit sont restées presque stationnaires, et que parmi les nouvelles aucune ne s'est établie en raison du grand mouvement économique qui s'opérait. Mais auparavant il nous faut jeter un coup d'œil rapide sur les richesses et les charges de l'Europe.

Les richesses matérielles se composent de trois éléments : le premier est *immobilier* et comprend le territoire et les constructions; le second est *mobilier* et comprend tous les instruments de travail; le troisième est le *capital monétaire*, se composant de toutes les valeurs de circulation.

Les deux premiers éléments des richesses seraient stériles si le troisième ne venait les féconder par sa force distributive, leur donner le mouvement, l'activité, et servir aux échanges de leurs produits.

Ces deux premiers éléments des richesses étant complétement étrangers à la question que nous voulons traiter, nous ne nous occuperons ici que du capital monétaire.

Suivant les savantes recherches d'Alexandre Humboldt et de Michel Chevalier, l'Europe ne possédait, lors de la découverte de l'Amérique, que 300 millions d'or et 700 millions d'argent, soit un milliard de francs.

De 1492 à 1803, l'Amérique, l'Europe et le nord de l'Afrique, nous ont fourni 9 milliards 275 millions d'or, et 22 milliards 275 millions d'argent. Mais l'exportation des métaux précieux en Asie et des pertes de toute nature, ont réduit ces chiffres de 725 millions d'or et de 7 milliards 25 millions d'argent; de sorte qu'au commencement du siècle, l'Europe disposait de 8 milliards 850 millions d'or et de 15 milliards 950 millions d'argent, soit un total de 24 milliards 800 millions de francs.

De 1803 à 1848, la valeur des métaux précieux en Europe s'est élevée d'environ 3 milliards d'or et 2 milliards 500 millions d'argent.

De 1848 à 1856, la Californie et l'Australie nous ont fourni les quantités d'or suivantes :

En 1849.............	135,500,000 fr.
1850.............	222,250,000
1851.............	338,000,000
1852.............	675,750,000
1853.............	702,000,000
1854.............	707,000,000
1855.............	756,000,000
1856.............	806,250,000

Soit, pour les huit années, 4 milliards 342,750,000 fr.

L'augmentation en argent a été d'environ un milliard.

D'un autre côté, l'exportation de l'or vers l'Orient s'est élevée :

En 1853, à 24,325,000 fr.
    1854, à 30,550,000
    1855, à 29,775,000
    1856, à 11,950,000

L'exportation de l'argent a été

En 1853, de 138,950,000 fr.
    1854,   114,575,000
    1855,   198,325,000
    1856,   352,700,000

Soit une exportation totale de 96,600,000 francs d'or et de 804,550,000 d'argent.

L'Europe possède donc aujourd'hui, en métaux précieux, 16 milliards 9 millions 615,000 fr. d'or et 18 milliards 645 millions 450,000 fr. d'argent; ensemble 34 milliards 741 millions 600,000 fr., qui se trouvent répartis entre ses cinquante-quatre États.

Pour établir l'insuffisance de ces métaux précieux, en admettant même qu'ils soient tous en numéraire et en circulation, nous allons énumérer brièvement les principales fonctions qu'ils ont à remplir.

Nous commencerons nos recherches par un tableau des dettes publiques et des dépenses annuelles des cinquante-quatre États européens.

ÉTATS DE L'EUROPE.	DETTES INSCRITES ET FLOTTANTES (chiffres ronds.)	DÉPENSES ANNUELLES POUR LES DIVERS SERVICES PUBLICS (chiffres ronds)
	fr.	fr.
Anhalt-Bernbourg.	7,220,000	3,650,000
Anhalt-Dessau-Cœthen.	16,030,000	4,660,000
Autriche.	7,357,960,000	1,047,800,000
Bade.	159,740,000	23,326,000
Bavière.	437,600,000	86,920,000
Belgique.	800,000,000	140,000,000
Brême.	19,500,000	5,480,000
Brunswick	37,790,000	15,650,000
Danemarck.	336,080,000	50,980,000
Deux-Siciles.	517,760,000	117,420,000
Espagne.	4,200,000,000	404,460,000
États romains.	346,450,000	87,230,000
France.	10,144,200,000	1,698,900,000
Francfort.	26,500,000	2,786,000
Grande-Bretagne.	20,529,650,000	2,110,700,000
Grèce.	101,250,000	19,880,000
Hambourg.	122,080,000	13,498,000
Hanovre.	161,530,000	36,110,000
Hesse électorale.	49,710,000	17,263,000
Hesse grand-ducale	7,290,000	15,388,000
Hesse Hombourg.	3,730,000	728,000
Iles Ioniennes.	7,500,000	4,280,000
Lichtenstein.	»	138,000
Lippe.	1,190,000	1,470,000
Lubeck.	17,800,000	2,230,000
Mecklembourg-Schwerin.	30,000,000	12,730,000
Mecklembourg-Strelitz.	6,490,000	3,600,000
Modène.	2,000,000	8,730,000
Monaco.	»	»
Nassau.	17,380,000	9,490,000
Oldenbourg	12,000,000	390,000
Parme.	14,000,000	9,380,000
Pays-Bas.	2,459,100,000	154,210,000
Portugal.	562,680,000	74,140,000
Prusse.	920,080,000	440,750,000
Reuss-Greiz.	»	919,000
Reuss-Schleiz.		
Russie.	4,169,800,000	1,103,200,000
San Marino.	»	»
Sardaigne.	639,000,000	139,900,000
Saxe royale.	231,260,000	33,540,000
Saxe-Weimar.	20,890,000	5,820,000
Saxe-Meiningen.	9,360,000	3,390,000
Saxe-Altembourg.	1,880,000	2,740,000
Saxe-Cobourg-Gotha.	4,450,000	2,130,000
Schaumbourg-Lippe	»	850,000
Schwarzbourg-Rudolstadt.	»	1,660,000
Schwarzbourg-Sondershausen.	6,720,000	1,960,000
Suède et Norwége.	90,710,000	16,430,000
Suisse.	»	15,760,000
Toscane.	»	37,000,000
Turquie.	470,000,000	»
Waldeck.	»	1,390,000
Wurtemberg.	116,340,000	80,870,000
TOTAUX.	55,192,700,000 fr.	8,071,926,000 fr.

La dette publique en Europe s'élève donc, en chiffres ronds, à la somme énorme de cinquante-cinq milliards cent quatre-vingt-douze millions sept cent mille francs, et les dépenses annuelles pour les services publics des divers gouvernements, non compris la Turquie et deux États sans importance, à celle de huit milliards soixante et onze millions neuf cent vingt-six mille francs.

Si l'on ajoute à la masse de capitaux employés aux transmissions que subit annuellement cette masse de rente et aux paiements réguliers des services publics, le numéraire encore nécessaire pour satisfaire aux besoins du commerce et de l'industrie, celui surtout qui, dans un temps donné, peut être appelé pour compléter les capitaux sociaux des grandes opérations actuellement engagées, on arrive à un chiffre colossal dont nous fournissons plus loin les principaux éléments.

Les relevés que nous avons donnés plus haut pour démontrer la quantité de métaux précieux que possède l'Europe, nous permettent de constater que l'augmentation de ces métaux n'a été annuellement, de 1803 à 1848, que de 133 millions par an, et de 1848 à 1856, que de 555 millions, soit une moyenne, de 1803 à 1856, de 195 millions 518,518 fr. 51 c. 4/27 par an.

Si l'on compare ce faible accroissement de numéraire avec le développement considérable de l'industrie et du commerce pendant la même période, on est frappé d'étonnement, et l'on se demande comment les liquidations ont pu se faire, et comment la banqueroute générale a pu être évitée.

Cette disproportion explique surabondamment les nombreuses crises financières et commerciales qui, depuis 1830, affligent périodiquement l'Europe et qui menacent de devenir permanentes.

Ne pas se rendre à l'éloquence de ces chiffres, ce serait nier la lumière. N'y aurait-il pas folie à ne pas se préoccuper de fermer le gouffre vers lequel nous sommes poussés avec une si effrayante rapidité ?

Avant d'examiner si les établissements de crédit existants peuvent nous sauver du cataclysme, ou même s'ils se doutent de cette situation, établissons sur des données plus restreintes une preuve du danger imminent qui menace l'Europe.

Prenons pour exemple la France, l'un des pays les plus favorisés sous tous les rapports.

Notre numéraire particulier s'élevait, en 1848, à environ 3 milliards. Ce chiffre n'a été que très-peu augmenté. Nous n'avons de renseignements authentiques que pour 1855; voici les résultats qu'ils nous donnent :

Importations :

Or, 383,803,000 fr. ; argent, 120,967,740 fr.

Exportations :

Or, 162,740,000 fr. ; argent, 321,264,380 fr.

Différence : 20,766,360 fr.

D'après un travail récent de M. Angelo Tedesco, nous pouvons apprécier si ces 3 milliards, même augmentés des billets de la Banque de France, sont suffisants pour remplir leurs fonctions de valeurs de circulation et d'échange.

Donnons d'abord un aperçu du chiffre des valeurs diverses cotées à la Bourse de Paris :

Dette publique............ 10,144,260,840 fr.
Banques diverses.......... 1,677,167,660
Obligations. 2,170,097,377
Chemins de fer........... 4,500,000,000
Assurances. 262,650,000
Hauts-fourneaux.......... 491,306,545
Messageries et transports... 352,990,000
Gaz. 213,197,100
Mines. 145,895,595
Ponts et canaux.......... 301,136,037
Divers. 412,012,437

Total....... 20,850,713,491

Ce chiffre nous permet d'estimer sans exagération les valeurs négociables en France à un minimum de 25 milliards.

Si l'on ajoute au numéraire nécessaire aux transmissions diverses et aux intérêts de ces valeurs, les capitaux qu'exigent les services publics du gouvernement, les dépôts, les importations, les fonds de caisse, les opérations de banque, et les échanges de produits et marchandises, on comprendra tout de suite l'impossibilité d'une liquidation normale, nos crises financières, nos faillites, et l'état d'abandon dans lequel se trouve notre agriculture, la première et la plus importante de toutes nos richesses.

Si maintenant nous examinons la situation générale des diverses Bourses publiques d'Europe, nous serons encore davantage frappés des difficultés de la situation financière. Nous trouvons partout une dette flottante écrasante, et nous constatons qu'en dehors de cette dette, il reste à payer en Russie, en Autriche, en Allemagne, en Sardaigne, en Suisse et en Espagne, des sommes considérables sur des actions émises, sommes dont l'ensemble ne s'élève pas à moins de 2 milliards 500 millions de francs.

Aussi nous voyons sur toutes ces Bourses un malaise général, qui entraîne la fortune publique dans des pertes immenses ; qui paralyse toute source de nouvelles richesses, et qui cause la dépréciation de toutes les valeurs ; rappelons, par exemple, que de mai à novembre 1856, les actions de dix compagnies de chemins de fer français, seulement, ont subi une perte de 654 millions 640,000 fr.

Voilà pour le présent ; mais si l'on n'y prend garde, que sera l'avenir ?

Est-ce à dire cependant que le mal soit sans remède ; que l'Europe ne soit pas assez riche pour faire régulièrement face à tous ses engagements ? Non. Il lui suffit de le vouloir.

Sans doute le *passif* est énorme, mais l'*actif* ne le dépasse-t-il pas dans des proportions considérables ? Les richesses accumulées ne s'élèvent-elles pas à un chiffre centuple de la dette ?

S'il en est ainsi, il faut bien reconnaître que nous ne devons les embarras de cette situation qu'à notre ignorance économique et aux vices de nos systèmes financiers.

En effet, dans notre organisation, tout se résume et se liquide en monnaie métallique, et les richesses, quelque importantes qu'elles soient, ne peuvent servir à aucun paiement avant de s'être échangées contre du numéraire.

Et si le numéraire ne s'augmente pas dans la même proportion que les richesses et que les nouveaux besoins créés par le génie progressif des Sociétés, l'engorgement arrive et la liquidation devient impossible.

Nous nous dispenserons de pousser plus loin notre démonstration, pour nous occuper du remède au mal que nous venons de signaler.

Ce qu'il faut, ce sont des institutions de crédit basées sur la saine connaissance de nos richesses et de nos besoins; des institutions dont le but soit de faciliter notre liquidation et nos échanges, sans recours aux métaux précieux, qui sont impropres aux fonctions qu'ils remplissent, et qui, dans tous les cas, sont devenus insuffisants.

Nous pensons que ces résultats seront facilement obtenus par la mobilisation et par l'échange *momentané* d'une très-faible partie de nos valeurs immobilières et mobilières, actions, obligations, titres de rentes, etc., contre une monnaie ou des billets de circulation. La valeur de ces billets doit être garantie, ainsi que nous l'avons dit en commençant, et nous prouverons comment elle peut être garantie, lorsque nous parlerons des billets de circulation du Crédit Européen.

CHAPITRE II.

Des Banques actuelles et des Crédits mobiliers.

L'étude sérieuse et pratique du Crédit, des causes qui le secondent ou l'altèrent, et des phénomènes qu'il présente, ne saurait trop nous préoccuper.

L'Europe est désormais, au point de vue financier, une grande famille dont tous les intérêts sont similaires et solidaires. Rapprocher ces intérêts et associer le Midi et le Nord, l'Est et l'Ouest, c'est servir la cause du progrès et du bien-être général.

Les Banques actuelles comprennent-elles cette mission?

Nous trouvons la réponse à cette question dans un ouvrage publié en 1847, par M. Louis de Noiron :

« Les banques ne sont point centralisées;

» Elles ne sont point unies;

» Elles ne sont point progressives;

» Elles rendent peu de services aux États;

» Elles rendent peu de services au public;

» Elles sont menacées par des événements extérieurs. »

2

Une autorité compétente, l'un des chefs de ces grands établissements, M. Gautier, sous-gouverneur de la banque de France, a dit aussi sur ce sujet :

« Notre système de crédit est, à beaucoup d'égards, im-
» parfait, insuffisant au besoin de notre commerce, et suscep-
» tible, par conséquent, d'importantes améliorations (1). »

Loin de s'élever à la hauteur du mouvement économique auquel nous assistons, les banques privilégiées sont restées ce qu'elles étaient à leur création. Elles ont, tout au plus, osé diviser leurs billets de circulation en petites coupures, et encore ne l'ont-elles fait que dans des proportions tout à fait insuffisantes.

Basés sur l'immobilité quand tout marche à côté d'eux, ces établissements n'occupent plus qu'une très-petite place dans le mouvement financier de l'Europe, et leur système d'organisation laisse tant à désirer, que nous les voyons journellement, guidés seulement par un principe étroit d'intérêt particulier, entraver le développement de la fortune publique, et provoquer des crises financières et commerciales, par les restrictions qu'ils apportent dans leurs opérations.

Cependant, de nos jours, ces banques sont les seuls établissements qui disposent du Crédit ; et comme le cercle de leurs attributions est infiniment restreint, on ne peut pas dire que le Crédit existe.

Les banques ne font, pour ainsi dire, aucune mobilisation. La richesse n'est point pour elles une monnaie : l'or et l'argent, seuls, ont cours à leurs caisses.

Quant à leurs billets, l'importance de leur émission est bien loin d'être en rapport même avec les besoins particu-

---

(1) *Encyclopédie du droit*, n° 78, p. 87.

liers du commerce, et il en résulte, pour cette seule spécialité de circulation, une compétition très-onéreuse lorsqu'il s'agit de se procurer des métaux précieux.

D'après M. Horm, le chiffre des billets de banque serait, en France, de 620 millions; en Angleterre, de 937 millions; et en Allemagne, de 1 milliard 490 millions 289,555 francs. Suivant M. Hübner, les billets non couverts par des encaisses métalliques étaient, en 1854, pour l'Europe entière, de 3 milliards 785 millions 616,930 francs.

Les coupures de ces billets sont de sommes différentes dans les différents Etats d'Europe. La banque d'Angleterre n'émet pas de billets au-dessous de 125 fr.; la banque de France vient d'être autorisée à en émettre de 50 fr.; la banque nationale de Belgique en émet de 20 fr.; celle de Prusse, de 3 fr. 75, celle d'Autriche de 0,41 c. 2/3.

Il existe encore à l'égard des banques privilégiées une illusion qu'il faut détruire. On croit communément que l'escompte des billets de commerce ne leur donne que 3, 4 ou 5 0/0. Cela est vrai dans la forme; mais, en poussant l'examen au cœur de ce système, on reconnaît bientôt que ces 3, 4 et 5 0/0 s'élèvent de 20 à 40 0/0.

Prenons pour exemple la banque de France.

Le capital de cet établissement, fixé à 91,250,000 fr. (1), se trouve augmenté, en vertu du privilége exclusif dont il jouit, de 600 millions de billets de banque; de sorte que ses opérations se basent non sur 91,250,000 fr., mais bien sur 691,250,000 fr. qui, à 3 0/0 d'intérêt, donnent 20,737,500 f., soit, pour ses 91,250,000 f. de numéraire, un produit annuel de 22 fr. 72 c. 44/73 0/0.

---

(1) Une loi vient d'élever ce capital à 182,500,000 fr.

Il est vrai qu'il faut tenir compte de l'encaisse, qui ne peut être indiqué avec précision, à cause de ses variations, mais qui, en 1847, était descendu à 60 millions, réserve comprise, soit, la réserve étant d'environ 10 millions, à 50 millions de capital numéraire. A cette époque, la banque de France avait donc en circulation un capital, billets et numéraire, de 641,250,000 fr., lequel à 4 0/0, taux de l'escompte d'alors, produisait une somme de 25,650,000 fr. ; soit, pour les 91,250,000 fr. espèces, 31 fr. 56 0/0. L'escompte étant à 6 0/0, la banque, dans les mêmes conditions, ferait rapporter à son capital un intérêt annuel de 47 fr. 34 c. 0/0, et ce non compris ses diverses autres sources de bénéfices. Ces chiffres ne démontrent-ils pas péremptoirement que ces établissements de crédit, cependant très-utiles dans l'ordre actuel, devraient, en considération du privilége dont ils jouissent, être beaucoup plus abordables au petit commerce ?

Quant aux banques particulières, elles ne sont dans notre économie financière qu'un rouage de circulation de valeurs de change déjà existantes. La raison d'être de ces banques, au point de vue de l'escompte, qui, pour la France seulement, ne s'élève pas à moins de 30 milliards chaque année, ne repose que sur les vices de la circulation actuelle de la valeur d'échange, et il suffit de régulariser cette circulation pour opérer une économie considérable. Les statistiques établissent que, par suite de l'escompte et de l'usure, la perte annuelle que supporte le commerce en France dépasse 400 millions.

Ajoutons à ces diverses considérations que le système actuel de circulation est tellement illogique et impuissant, qu'à la moindre crise commerciale, nous voyons toutes les banques disparaître, et ce qui aurait pu n'être qu'un embarras momentané, devenir une panique, une ruine générale.

Les Crédits mobiliers, à défaut des banques, se sont-ils organisés de manière à fournir à l'Europe les valeurs de circulation dont nous avons démontré la nécessité ? Un simple examen nous prouvera que ces établissements ont produit un résultat complétement opposé, et qu'ils ont eux-mêmes besoin d'une institution nouvelle, sous peine de ne pouvoir continuer à fonctionner sans causer de graves perturbations.

Le nombre de ces établissements créés dans ces dernières années est fort important : Nous en avons trois en Espagne, deux en Piémont, deux à Hambourg et un dans chacune des villes qui suivent : Paris, Vienne, Berlin, Breslau, Hanovre Kœnigsberg, Brême, Lubeck, Francfort, Magdebourg, Stettin, Leipzig, Luxembourg, Rostock, Gora, Meiningen, Dessau, Gotha, etc., etc. Toutes ces sociétés se sont créées dans le but de commanditer les grandes entreprises et de provoquer le développement de l'industrie ; mais, comme régularisation du Crédit et augmentation des valeurs de circulation, elles ne peuvent amener aucun résultat favorable.

Il est même facile d'établir qu'on s'est complétement trompé dans l'organisation de ces établissements, qui, loin de servir le crédit, sont devenus un véritable embarras pour les diverses Bourses.

Le premier vice des Crédits mobiliers, c'est de marcher forcément vers l'immobilisation de leur capital, et de l'immobiliser, non en immeubles, ce qui à un certain point de vue serait rationnel, mais en titres mobiliers, en actions industrielles.

Un exemple supposé démontrera plus clairement la vérité de cette assertion :

Un Crédit mobilier réunit un capital de 100 millions et commence ses opérations. Il s'intéresse dans la création de quatre compagnies de chemins de fer, en prenant 25 millions d'actions dans chacune de ces compagnies. Voilà son capital échangé contre des titres, et l'on peut dire immobilisé; car, étant obligé de procéder par masse, il ne peut vendre ces titres sans provoquer une baisse désastreuse sur la valeur qu'il écoule.

Cette situation, situation forcée, est d'autant plus fâcheuse, que l'intervention d'un Crédit mobilier attire une confiance toute spéciale sur les affaires dans lesquelles il s'intéresse, et que ses actions se négocient avec une prime très-élevée.

Mais la déception ne se fait pas longtemps attendre pour l'acquéreur, et dès que le Crédit mobilier vend ses titres pour entrer dans une nouvelle affaire, la confiance dans l'entreprise s'inquiète et la prime disparaît, si même l'action ne tombe pas au-dessous du pair.

Le Crédit mobilier de Paris, quoique dirigé par des hommes d'une valeur et d'une capacité incontestées, nous donne une triste justification de ce que nous avançons. Il nous suffit d'indiquer les entreprises suivantes qu'il a patronnées :

1° Banque de Darmstadt ;
2° Chemins de fer autrichiens ;
3°   id.   François-Joseph ;
4°   id.   espagnols ;
5° Fusion des Omnibus ;
6°   id. des Gaz ;
7° Gaz de Madrid ;
8° Hôtel et Immeubles de la rue de Rivoli ;
9° Compagnie générale maritime.

Il en est de même pour tous les autres Crédits mobiliers engagés dans l'industrie; celui d'Autriche, par exemple, a un quart de son capital immobilisé en titres de chemins de fer autrichiens, et il ne pourrait pas vendre mille de ces actions sans causer une véritable panique à la Bourse de Vienne.

Le Crédit mobilier de Paris a eu pour la France d'autres conséquences non moins fâcheuses; et nous devons reconnaître qu'il faut que notre pays ait de bien grandes ressources pour que notre Bourse ne soit pas complétement aux abois. Nous voulons parler des capitaux numéraires que cette Société a exportés, en jetant sur notre place une masse de valeurs étrangères.

Voici les principales affaires qui ont donné lieu à ces exportations :

1° Canalisation de l'Èbre;
2° Crédit mobilier espagnol;
3° Gaz de Madrid;
4° Banque de Darmstadt:
5° Chemins de fer autrichiens;
6°   id.   espagnols;
7°   id.   François-Joseph;
8°   id.   russes.
Etc., etc.

Nous avons donc raison de dire que les Crédits mobiliers n'ont rendu aucun service au crédit général, et qu'ils ont, au contraire, contribué, dans de très-larges proportions, aux embarras présents.

La question de dissolution se discute déjà pour plusieurs de ces établissements, et il est très-probable que l'Allemagne, surtout, ne supportera pas leur liquidation sans une crise financière dont la durée serait difficile à prévoir.

Le Crédit Européen peut empêcher cette catastrophe, en

attirant dans son organisation la plus grande partie de ces Sociétés, et en donnant la vie, par son propre mouvement, à celles qui ne se fusionneraient pas avec lui. Ce mouvement résultera de la mobilisation par le Crédit Européen de valeurs dont la vente est difficile, sinon impossible.

Nous ne doutons pas que cette fusion ne soit presque généralement accueillie ; déjà trois de ces Sociétés l'ont acceptée, et des négociations sont pendantes pour plusieurs autres.

Nos lecteurs ne se méprendront pas sur l'intention qui nous guide. En jetant la lumière sur les Sociétés de Crédit mobilier, nous ne pouvons être inspiré par aucun sentiment de rivalité, puisque, ainsi qu'on le verra bientôt, nous opérons sur des principes complétement opposés. Nous nous bornons à signaler des vices d'organisation qui dénaturent le but pour lequel ces Sociétés avaient été créées. Nous rendons d'autant plus volontiers justice aux hommes qui sont à leur tête, qu'il est évident qu'il leur a fallu déployer d'immenses connaissances pratiques, pour que les conséquences de ces organisations n'aient pas encore plus de gravité.

Nous faisons d'ailleurs un appel empressé à toutes ces Sociétés ; et si elles reconnaissent que nous avons raison, elles peuvent venir à nous, leur concours nous aidera fructueusement à accomplir l'œuvre de salut social à laquelle nous nous dévouons.

Nous croyons avoir suffisamment démontré, par ce qui précède :

Que les établissements de banque et de crédit, existant depuis longues années ou de création récente, sont loin d'être en harmonie, comme système et comme importance, avec les besoins, chaque jour croissants, créés par le développement de l'industrie, du commerce et de la fortune publique ;

Que les valeurs représentatives ou de circulation, tant en métaux précieux qu'en papier, servant en Europe aux échanges entre la production et la consommation, ne suffisent plus aujourd'hui aux fonctions sociales qu'elles remplissent, et qu'il s'ensuit fatalement, à des époques devenant de jour en jour plus rapprochées, des crises financières dont les conséquences troublent la tranquillité publique et portent partout la ruine ;

Que l'établissement des chemins de fer et de la télégraphie électrique, en ne faisant, pour ainsi dire, de l'Europe qu'une grande famille, doit faire faire au progrès des pas rapides vers des perfectionnements sociaux de toute nature, et qu'il en résulte déjà un besoin pressant d'harmoniser, entre les divers États, tant d'intérêts devenus solidaires, d'antagonistes qu'ils étaient :

Qu'il importe à l'avenir des peuples de consolider la fortune et le crédit publics, et de mobiliser ou de convertir en valeurs représentatives de circulation pouvant servir aux échanges, les titres divers représentant des valeurs immobilières, mobilières, rentes, hypothèques, obligations, actions, etc., créés par les États ou Sociétés particulières ;

Qu'un si grand et si utile résultat ne peut être obtenu que par la puissance morale et financière d'une Société établie dans de larges proportions, et basée sur un système répondant aux besoins de la situation économique de notre époque ;

Enfin, que cette Société doit étendre son action sur l'Europe entière, de manière à équilibrer sur une vaste échelle les produits et les besoins ainsi qu'on équilibre en assurance les risques et leur réparation. Ces diverses considérations nous ont convaincu de l'urgente nécessité de fonder et d'organiser cette Société, et nous lui avons donné la dénomination de *Crédit Européen.*

CHAPITRE III.

Du Crédit Européen.

Nous sommes loin de revendiquer l'honneur de l'idée du Crédit Européen; elle appartient à tout le monde. Il n'est pas un économiste, pas un financier qui n'y ait souvent songé; il n'est pas un homme, mêlé un peu aux affaires, qui n'ait cent fois répété qu'il y avait quelque chose à faire.

Notre simple mérite sera d'avoir eu la pensée de nous occuper de sa réalisation.

Nous avons consulté sur cette matière de nombreux travaux qui ont facilité notre tâche, et nous pouvons dire que nous devons beaucoup à M. le baron de Bruck, ministre des finances d'Autriche; à MM. Émile et Isaac Pereire, Michel Chevalier, Émile de Girardin, Alfred Darimon, J.-E. Horm, Louis de Noiron, Louis Jourdan et à plusieurs autres publicistes distingués.

L'histoire aussi nous a fourni un élément d'une grande importance pour nous éclairer dans cette délicate et sérieuse entreprise. Nous voulons parler de l'établissement financier créé par l'ordre du Temple, qui, du xiiᵉ au xivᵉ siècle, obtint l'entière confiance des gouvernements et des peuples.

L'Europe était en pleine anarchie. Le désordre était partout. C'était le laborieux enfantement des nationalités modernes.

La circonscription des États était arbitraire; les lois et les coutumes n'offraient aucune harmonie; la *Science du Crédit* n'avait aucune base, le titre des monnaies aucun rapport; la guerre était permanente et le brigandage presque général.

L'ordre du Temple imagina une vaste institution de crédit réclamée par la gêne des intérêts et par leurs complications embarrassées. Cette banque, en se créant, n'eut pas recours au privilège des rois.

L'impulsion du chef de l'Ordre, tour à tour fixé à Jérusalem, à Margat, à Saint-Jean-d'Acre et à Paris, se propageait uniformément dans des *commanderies* répandues en Europe et en Orient, et soumises à la juridiction de vingt-quatre maisons provinciales. Ces dernières et quelques-unes de leurs succursales commencèrent, sous l'impulsion successive des grands maîtres Guillaume de Chartres, Pierre de Montaigu et Herman de Périgord, à remplir l'office de maisons de change, de dépôts, de *mobilisation d'immeubles et d'objets précieux.*

Alors que les monnaies sans titre avéré, mal fabriquées, usées et rognées, se trouvaient avec peine, il n'était pas facile, comme aujourd'hui, de les ramener dans les divers États à un *étalon*, et de fournir, aux marchands, des lettres de change sur l'Europe et sur l'Asie.

L'Ordre veillait par ses frères *visiteurs* à ce qu'une maison surabondamment pourvue de valeurs soulageât celles où la pénurie se faisait sentir. — C'était faire de prime-abord un pas de géant dans la carrière encore inexplorée des finances.

Les statuts de cette Société, les documents de son procès sous Philippe-le-Bel, et les mémoires de divers chroniqueurs, témoignent de cette vaste conception. On l'accueillit partout avec faveur. Chaque jour, le Temple prêtait et voyait grossir le nombre des valeurs déposées entre ses mains. Henri Ier et Jean-sans-Terre lui confièrent, dans sa maison de Londres, appelée Clarkenville, les trésors de l'État et le chargèrent de leur gestion.

Une convention entre Louis IX et le prince Édouard d'Angleterre, conclue en 1269, porte que le premier s'oblige à payer 25,000 livres tournois, « et serunt payez ces deniers chescun an à Paris, au *Temple.* »

Le Temple prêtait *même à découvert*, lorsque la *moralité* du contractant lui semblait un gage solide ; quelquefois même il trouvait suffisant le dépôt d'un objet doué d'une *simple valeur d'affection.*

Philippe-le-Bel, après avoir épuisé tous les expédients, même celui de l'altération des monnaies, ne pouvant rembourser les sommes qu'il devait au Temple, avisa le moyen le plus court d'éteindre tous les titres et obligations : un bûcher fut dressé pour Jacques Molay et les siens, le 11 mars 1314.

Les cendres des Templiers, en se dispersant, semblèrent avoir frappé de stérilité, pour plusieurs siècles, la puissance financière (1).

Le Crédit Européen vient reprendre cette œuvre interrom-

---

(1) Nous avons puisé ces renseignements dans l'ouvrage « des Banques en France » de M. Louis de Noiron, appuyé sur les citations des historiens Math. Roger et Duchesne.

pue; mais il la reprend au milieu d'une civilisation dont le quatorzième siècle était fort éloigné. Notre économie politique a porté son flambeau sur les grandes questions de production, de consommation et d'échange. L'Europe est tranquille, les lois sont respectées, l'industrie se développe régulièrement, et la richesse a des bases solides. Il ne nous reste plus qu'à organiser le Crédit et la Circulation.

Une circonstance des plus favorables vient encore faciliter l'établissement du Crédit Européen, c'est la résolution prise par les différents États allemands d'adopter une monnaie uniforme pour toute l'Allemagne, c'est-à-dire pour plus de 70 millions d'âmes.

La Société du Crédit Européen doit être organisée de manière à opérer régulièrement dans les cinquante-quatre États de l'Europe. Son siége légal sera établi de préférence à Francfort, siége de la Diète de la Confédération germanique, ville libre et centrale. Une succursale sera fondée dans la capitale de chaque État d'une certaine importance, et des correspondants seront choisis parmi les banquiers de chacune des autres capitales et de toutes les villes européennes où il se fait un mouvement financier ou commercial quelconque.

Elle sera conduite par un Conseil d'administration; gérée par un Comité de direction; aidée et éclairée par un Conseil consultatif composé de tous les banquiers ses correspondants.

Les succursales seront dirigées par des Comités d'État, composés de deux ou trois des principaux banquiers de chaque capitale, membres en même temps du Conseil d'administration.

Le Conseil d'administration, véritable gouvernement de la Société, renferme dans son sein les banquiers le plus haut placés par leurs connaissances économiques et financières, par la considération dont ils jouissent en Europe, et par leur fortune. Ils sont pris dans chaque capitale et dans les villes importantes.

Le Comité de direction, pouvoir exécutif des décisions du Conseil d'administration, sera composé de membres de ce Conseil et d'hommes essentiellement pratiques, ayant une expérience approfondie des affaires financières, industrielles et commerciales.

Les Comités d'État seront chargés de la gestion des succursales et de procéder à un premier examen de toutes les affaires importantes intéressant leur pays. Le Conseil d'administration seul décidera définitivement de l'admission ou du rejet de ces affaires.

Le Conseil consultatif, composé de 300 à 400 banquiers, aidera la Société des lumières, de la pratique de tous ses membres, et lui apportera leur concours pour toutes les affaires de l'Europe avec leur pays, et réciproquement.

Chaque membre du Conseil consultatif aura en outre le droit de s'intéresser personnellement dans toutes les opérations de la Société, et de lui proposer telle affaire qu'il jugerait digne de son intérêt.

Dès ce jour, l'organisation du Crédit Européen est fort avancée. Les membres du Conseil d'administration sont presque au complet; plusieurs Comités d'État pour les succursales sont constitués, et le nombre des membres du Conseil consultatif s'élève déjà à plus de deux cents.

Le capital nominal de la Société est fixé à un milliard, représenté par deux millions d'actions de 500 fr. chacune; mais une partie seulement des actions sera d'abord émise, et les appels de fonds seront extrêmement limités.

Nous sommes partis de ce principe que moins un établissement de crédit emploie de capital numéraire, plus les services qu'il rend peuvent être étendus et à bon marché. Or tous nos efforts tendront à nous limiter aux sommes nécessaires pour assurer le fonctionnement de l'institution, et pour donner une complète garantie aux tiers.

Nous n'ouvrirons d'ailleurs aucune souscription publique. Nos actions seront placées au moyen de fusions projetées avec diverses banques allemandes et par les banquiers membres de la Société.

Une somme presque suffisante est déjà souscrite.

Un syndicat sera établi dans le but de veiller à ce que les actions du Crédit Européen se transmettent régulièrement sans peser sur les Bourses, et sans subir de dépréciation.

La Société fonctionnera plus particulièrement au moyen de ses billets de circulation.

Ces billets seront de diverses natures, de manière à répondre à tous les besoins financiers :

1° Billets portant ou non intérêts ;

2° Billets au porteur ou à ordre ;

3° Billets à échéances fixes, à vue, à vue après échéance fixe ou à un certain nombre de jours de vue.

Leur division quant aux places de paiement aura lieu comme il suit :

1° Billets payables au siége principal de l'administration ;

2° Billets payables dans une succursale déterminée ;

3° Billets payables, soit au siége principal de l'administration, soit dans une des succursales de la Société ;

4° Billets payables, soit au siége social, dans toutes les succursales ou chez tous les banquiers membres du Conseil consultatif ou correspondants de la Société, établis dans chacune des principales villes d'Europe.

Le Conseil d'administration déterminera l'intérêt, la forme et le montant des diverses coupures des billets de circulation, en se conformant aux lois des États dans lesquels ces billets seront destinés à circuler, et en respectant tous priviléges que les gouvernements auraient accordés à des tiers, établissements de banque, de crédit ou autres.

Les billets pourront être imprimés en une ou plusieurs langues, et ils seront conçus en francs ou en monnaie de l'union allemande, livres sterling, florins, thalers, roubles, marcs-banco, piastres, réaux, etc., selon leur destination.

Ils seront payables dans le système de monnaie qui y sera indiqué, ou en monnaie du pays où le paiement en serait réclamé. Le paiement se fera au pair, en ramenant seulement les différentes monnaies au même titre, sans aucune perte de change.

Tous les billets non encore échus pourront être remboursés par la Société, moyennant une simple commission fixée à l'avance, sans aucune réduction pour intérêts ni à titre de prime pour change.

Indépendamment de la garantie que présentera le capital du Crédit Européen, aucun billet de circulation, payable à vue, ne pourra être émis que contre espèces ou valeurs suffisantes, d'une réalisation certaine et journalière. Aucun billet de circulation payable à échéance déterminée ne pourra être émis que contre valeurs suffisantes, réalisables quinze jours au moins avant l'époque du paiement dudit billet.

Et, de plus, le montant total des émissions de billets de circulation, payables à vue, ne pourra, dans aucun cas, dépasser dix fois le montant total des sommes réalisées et conservées en caisse pour faire face à leur paiement journalier. Cet encaisse devra toujours régulièrement exister sous forme

d'espèces, de lingots ou de titres de rente des États d'Europe;
ceux-ci ne pourront être comptés dans cette évaluation qu'à
raison de 75 0/0 du cours authentique au moment de leur
dépôt dans les caisses de la Société.

Nous avons dû prévoir le cas où une cause quelconque,
à une époque imprévue, amènerait la liquidation de la Société;
dans ce cas, le montant des billets en circulation serait d'a-
bord prélevé sur l'actif social et déposé en lingots ou en espèces, dans les caisses du trésor du Gouvernement du pays
où le siége de l'administration générale se trouverait alors
établi, afin de faire face au remboursement régulier des billets
à mesure de leur présentation.

La plus grande publicité sera périodiquement donnée sur
la situation du Crédit Européen.

Toutes les opérations de la Société pourront être surveillées
et contrôlées par les divers gouvernements de l'Europe. Si chacun de ces Gouvernements juge utile de déléguer un commissaire à cet effet, soit près du siége social, soit près de la succursale établie dans son État, ce commissaire aura droit d'examen et de vérification journalière sur tous les actes quelconques de l'administration, de manière à s'assurer de l'exécution complète des statuts, et à constater notamment qu'aucune
émission de billets ne puisse avoir lieu que contre représentation suffisante et sous complète garantie de leur paiement.

Ces diverses précautions pourront, sans nul doute, faire
que les billets de circulation du Crédit Européen soient une
valeur aussi positive, et beaucoup plus facile pour l'usage,
que les monnaies de métal or ou argent.

Avec une organisation aussi considérable, avec des établissements dans chaque capitale et des membres consultatifs
établis dans toutes les villes importantes d'Europe, cette

Société aura certainement, dès son début, une puissance immense, et ce que nous venons de dire des éléments sur lesquels elle s'appuie, garantit surabondamment la moralité et l'indépendance qui présideront à toutes ses opérations.

CHAPITRE IV.

Opérations de la Société.

En thèse générale, les opérations de la Société auront pour but d'établir le *Crédit* en Europe sur des principes rationnels et conformes aux besoins financiers, industriels et commerciaux des divers États.

Ce sera le pouvoir pondérateur des richesses et des besoins, et, si nous osons le dire, le Gouvernement financier destiné à délivrer l'Europe des crises financières et de l'usure, qui ruinent les États et les familles.

Le Crédit Européen permettra d'établir l'harmonie dans la circulation des valeurs d'échange, et de rendre, dans une proportion rationnelle, les métaux précieux à leur véritable destination.

Son intervention dans toute opération tendra à l'augmentation de la richesse publique et à la réduction du taux de l'intérêt et des escomptes.

Fonctionnant plus particulièrement au moyen de la *mon-*

naie perfectionnée, c'est-à-dire du billet de banque, la rémunération de son concours se trouvera réduite en principe :

1° A couvrir ses dépenses ;

2° A garantir ses risques ;

3° A percevoir un bénéfice équitable.

Dans toute affaire où le Crédit Européen devra intervenir avec la monnaie de métal, ces frais d'intervention devront être augmentés d'une somme pour intérêts ; mais, dans ce cas même, ces intérêts ne pourront être que très-réduits.

Les opérations de la Société consisteront progressivement :

1° A favoriser le déve'oppement des productions agricoles, de l'industrie, du commerce et des travaux d'utilité générale ;

2° A opérer, au moyen de ses succursales et des membres de son Conseil consultatif, fonctionnant comme *Clearing-House,* la liquidation quotidienne de toutes les affaires d'Europe ;

3° A mobiliser et convertir en billets de circulation, pour un temps limité ou non limité, tous titres et valeurs immobiliers et mobiliers, rentes, hypothèques, actions et obligations ;

4° A fournir des lettres de crédit ou billets de circulation, payables au pair, sur toutes les places d'Europe ;

5° A ouvrir des crédits, comptes courants et de dépôt ;

6° A escompter à un intérêt réduit tous billets, lettres de change et valeurs de commerce ;

7° A organiser une vaste assurance destinée à couvrir toute espèce de risques immobiliers et mobiliers ;

8° A soumissionner tous emprunts et grands travaux publics ;

9° A venir en aide, au moyen de la mobilisation de leurs titres, à toutes les sociétés de banque, de crédits mobiliers et particulières ;

10° A opérer tous recouvrements et paiements.

La Société ne pourra jamais faire d'achats à prime, de vente à découvert, ni se livrer aux jeux de Bourse.

Les diverses opérations que nous venons d'énumérer s'expliquent par leur simple énonciation; cependant il en est deux ou trois pour lesquelles nous entrerons dans quelques développements. Nous commencerons par celle énoncée dans le deuxième paragraphe et qui consiste à opérer la liquidation journalière des affaires internationales de l'Europe.

Pour arriver à la réalisation de cette liquidation, nous n'avons rien à inventer; il nous suffira de marcher dans la voie qui nous est tracée depuis longtemps par l'Angleterre, et d'opérer pour l'Europe comme le *Clearing-House* opère pour Londres.

Cette liquidation européenne exige aujourd'hui un emploi considérable de numéraire et de billets de banque. Par notre système, ce numéraire et ces billets deviennent inutiles et rentrent dans les autres voies de circulation.

Le *Clearing-House* anglais date seulement de trente-cinq ans, et la ville de Londres lui doit certainement une partie de sa prospérité.

Chaque jour, à trois heures et demie, les banquiers de Londres envoient des commis au *Clearing-House* pour porter à cet établissement la liste de tous les paiements qu'ils ont à faire et de toutes les sommes qu'ils ont à recevoir.

Le *Clearing-House* opère sur ses registres les *rèvirements* de ces divers comptes, et le tout se solde par une simple balance pour chaque compte.

Il arrive, dans certains jours de liquidation, que la masse des paiements ainsi opérés, sans emploi d'espèces ni de billets de banque, dépasse la somme énorme de 350,000,000 de fr.

Il nous a été impossible de nous procurer un tableau officiel donnant les opérations du *Clearing-House* pendant ces dernières années; mais nous allons rapporter celui publié en 1840. Il donnera une idée de ce que ces opérations peuvent être aujourd'hui.

Revirements opérés au Clearing-House de la cité de Londres, en 1840, par vingt-cinq banquiers seulement.

NOMS DES BANQUIERS :	REVIREMENTS :
Barclay . . . . Fr.	2,675,000,000
Barnard.	300,000,000
Barnetts.	1,250,000,000
Bosanquet	87,500,000
Bloun.	175,000,000
Curries	437,500,000
Dennison.	670,000,000
Dorrien.	200,000,000
Glyn.	2,632,000,000
Hawbury	600,000,000
Hawkeye	375,000,000
Jones.	2,600,000,000
Ladbroke	605,000,000
Lubbock.	875,000,000
Masterman.	2,250,000,000
Prescott.	750,000,000
Price.	382,500,000
Robarts.	2,032,000,000
Rosers	225,000,000
Spooner.	400,000,000
Smith.	1,600,000,000
Slone	925,000,000
Vere.	160,000,000
Williams	1,400,000,000
Willis	412,500,000
Total . . . . . . Fr.	24,019,000,000

Si l'on considère un instant que, dès 1840, 25 banquiers seulement ont fait dans une seule ville d'Europe un mouvement d'affaires de 24 milliards 19 millions de francs, sans, pour ainsi dire, le secours d'aucun numéraire ni billet de banque, on comprendra facilement l'importance du service que le Crédit Européen pourra rendre à l'Europe en opérant de la même manière pour les affaires internationales, et en laissant par conséquent disponible pour d'autres usages la somme énorme de numéraire qui sert aujourd'hui à cette liquidation. On comprend aussi qu'indépendamment de la liquidation internationale qui se fera naturellement au siége principal de la Société, par la balance générale des mandats de ses divers membres, chaque succursale pourra devenir le *Clearing-House* du pays où elle sera établie. Cette opération n'est pas la seule qui mérite d'être signalée.

Au moyen de ces revirements, le *change,* qui pèse si lourdement aujourd'hui sur toutes les relations commerciales entre les divers États, n'aura plus de raison d'être que pour la simple balance de ces divers revirements.

Examinons maintenant l'effet de la mobilisation des valeurs diverses en billets de circulation que le Crédit Européen se propose d'opérer.

Tout le monde peut comprendre qu'il y a dans cette mobilisation le salut du présent et la source de toute sécurité et de tout bien-être pour l'avenir.

Avec cette mobilisation, aucune crise financière n'est possible, car la masse de richesses acquise saura, sans danger, faire face à la création de nouvelles richesses, dans les proportions que l'économiste peut à peine embrasser.

Aussi longtemps que toutes les opérations ont dû venir se résumer en métaux précieux, on comprend que la dispropor-

tion existante entre la quantité du numéraire et l'importance
de ses fonctions nous ait poussés, de catastrophes en catastrophes, jusqu'au bord du précipice près duquel nous sommes
arrivés.

Nous croyons avoir démontré la fâcheuse situation, logique
cependant, des Crédits mobiliers. Nous avons constaté l'im-
puissance des banques actuelles, l'embarras de nos Bourses et
les engagements énormes auxquels elles ont à faire face; la
mobilisation par le Crédit Européen peut tout sauver. Nous
le répétons une dernière fois : ce n'est point la richesse qui
manque, tout le mal est dans l'impossibilité de la circulation.

Les billets à intérêts du Crédit Européen rendront aux for-
tunes particulières des services importants; ils permettront à
tous les propriétaires et petits capitalistes de faire produire des
intérêts à leurs fonds de caisse, capitaux improductifs, tout
en leur laissant la faculté de rentrer dans leurs espèces à des
époques déterminées à l'avance, ou même chaque fois qu'ils
le désireront.

Tous les autres détails concernant ces billets de circulation
étant du domaine de la pratique et devant être déterminés par
des règlements d'administration qui seront connus en temps
utile, nous nous dispenserons d'entrer dans de plus longues
explications à leur égard.

Nous n'avons pas non plus à traiter ici des bénéfices que
le Crédit Européen donnera à ses actionnaires. Il suffit d'avoir
expliqué le but de cette société, son mécanisme et sa puissance
d'action, pour faire comprendre qu'elle se trouvera forcément
mêlée à toutes les affaires importantes qui se traiteront en
Europe.

CHAPITRE V.

Réfutation des objections.

Il nous serait impossible de prévoir à l'avance toutes les objections que cette synthèse du crédit en Europe, que la Société se propose d'opérer, pourrait faire naître dans l'esprit des personnes qui décident facilement de toutes choses sans se donner souvent la peine de les étudier.

Nous ferons cependant tous nos efforts pour en prévoir le plus grand nombre possible, afin qu'il n'en reste que peu sans réponse.

Nous ne reviendrons pas sur l'utilité du Crédit Européen, nous en avons assez démontré la nécessité et l'urgence.

Seulement, cette Société peut-elle être organisée sans danger dans l'état actuel de nos finances en Europe, et l'émission de ses actions ne viendra-t-elle pas encore peser sur les Bourses ?

Nous n'hésitons pas à déclarer mal fondée toute crainte à ce sujet. Nous avons signalé le mal et démontré son accroissement journalier, il y aurait donc inconséquence à ajourner le remède. Quant aux actions, le Crédit Européen n'a, pour ainsi dire, besoin que d'un capital de garantie, et ses appels de fonds sur les titres émis seront très-limités. D'ailleurs, nous n'ouvrirons point de souscription publique, la plus grande partie de la première émission se trouvant dès à présent retenue par les membres de la Société, ou étant réservée pour les fusions qui se négocient avec différents établissements financiers.

Mais en serait-il autrement, le mouvement de circulation qui sera immédiatement provoqué par les opérations de la Société donnerait une ample compensation et détruirait complétement l'objection.

Les billets de circulation du Crédit Européen sont-ils d'une valeur indiscutable et d'une réalisation certaine?

Nous ne doutons pas de l'avoir suffisamment démontré lorsque nous avons expliqué le mécanisme de ces billets, le mode de leur émission et les garanties de caisses qui les représentent toujours.

Le remboursement de ces billets, soit dans les succursales, soit chez les banquiers correspondants de la Société, ne peut-il pas, par diverses circonstances, être momentanément suspendu, sinon rendu impossible?

La division de nos billets, aussi précédemment établie, répond, croyons-nous, souverainement à cette objection. Ces billets créés par catégories de pays auront le plus souvent des époques fixes de paiement, et leur contre-valeur aura été réalisée bien avant leur échéance.

Quant aux billets payables à vue sur toutes les places de l'Europe, leur nombre en sera soigneusement limité aux encaisses, sauf à satisfaire aux autres besoins, au moyen de mandats directs.

Des règlements particuliers pourvoiront au mouvement irrégulier que causent annuellement certaines mutations de fonds connues à l'avance, et les quelques grandes foires de l'Europe.

La circulation de ces billets est-elle certaine ?

Nous répondons qu'il n'y a pour nous aucun doute à cet égard.

La première raison de cette circulation ressort incontestablement de la certitude de leur valeur, des besoins impérieux qu'en a l'Europe, en général, et les porteurs de titres, actions et obligations, en particulier. Cette circulation sera d'autant plus prompte qu'elle commencera immédiatement avec le concours des quatre cents banquiers faisant partie de la Société.

N'y a-t-il pas un danger économique à augmenter, dans de grandes proportions, les valeurs de circulation ?

La science et la pratique ont répondu depuis longtemps à cette objection, en constatant que la valeur d'échange ne saurait être trop considérable, en tant qu'elle ne dépasse pas la valeur réalisable des produits livrés.

Les billets du Crédit Européen ne seront-ils pas confondus avec les assignats ou tout autre papier-monnaie ?

Si cela avait lieu, ce ne serait pas la faute de l'institution. En effet, tout papier-monnaie, assignat ou autre, n'a d'autre garantie que la moralité du Gouvernement qui l'émet, tandis que les billets du Crédit Européen ne peuvent être mis en circulation qu'alors que la caisse de la Société renferme une valeur qui leur soit au moins égale.

Ajoutons enfin que le Crédit Européen s'organise de manière à mériter et à justifier la confiance entière du public ainsi que celle des Gouvernements sous la surveillance journalière desquels il place toutes ses opérations.

Ce serait à tort que l'on se préoccuperait de la différence des lois des divers États et des priviléges déjà accordés par eux.

Sans doute, les statuts généraux de notre Société ne peuvent se conformer en détail aux diverses situations particulières précédemment créées, mais ils ont prévu que des modifications, respectant tous les priviléges acquis, pourraient avoir lieu lorsqu'une autorisation serait nécessaire pour l'établissement de succursales privilégiées.

CONCLUSION.

En terminant, nous dirons que la création du Crédit Européen donnera la vitalité à toutes nos richesses et les rendra productives. Il viendra en aide aux Gouvernements, en facilitant les emprunts et en les répartissant, dans de justes proportions, par toute l'Europe, ainsi que les autres charges publiques.

C'est le Crédit à bon marché; c'est l'instrument de travail pour tout homme de moralité, courageux et de bonne volonté.

Il nous garantira de toute crise financière et nous débarrassera de l'usure.

Intéressé à maintenir l'harmonie financière en Europe et à y établir un lien de solidarité entre les États, il transportera successivement partout, selon les besoins, sa puissance et son action salutaire.

En régularisant les échanges entre la production et la consommation, et en n'exigeant pour son intervention qu'un bénéfice équitable, il réalisera, au profit de tous, une économie considérable sur les dépenses que nécessitent aujourd'hui la création et la circulation des valeurs et de l'échange.

Sans doute l'industrie marche aujourd'hui avec la rapidité

du moteur-géant qui nous fait traverser l'Europe en quatre jours ; mais que les pessimites ouvrent les yeux, ils reconnaîtront facilement que la puissance amassée peut opérer sans danger de plus grands enfantements.

Au point de vue de la civilisation, le Crédit Européen en sera le plus puissant auxiliaire ; il coopérera de tous ses efforts à l'unité des monnaies, des poids, des mesures et du langage.

L'Europe pourra lui devoir la paix des États, l'union des peuples et le bien-être général.

Répétons, avant de terminer, que, nous adressant spécialement à des hommes pratiques, nous avons négligé bien des détails. Nous appelons d'ailleurs la critique de tous nos vœux, et nous considérerons toute réfutation comme un véritable concours prêté à notre œuvre. Nous chercherons avec conscience, dans les conseils qui nous seront donnés et dans les critiques dont nous serons l'objet, un rayon de lumière qui éclaire notre chemin et qui nous garantisse des écueils.

Juin, 1857.

STATUTS

STATUTS

Par devant, etc..........

TITRE PREMIER.

Constitution de la Société. — Sa dénomination. — Sa durée. — Son siége.

ARTICLE PREMIER.

Il est formé par les présentes une Société de crédit financier, commercial, mobilier et immobilier, entre M. Mancel de Valdouer, fondateur, les autres comparants, et tous les propriétaires des actions ci-après créées. Elle est définitivement constituée à partir de ce jour.

ART. 2.

La Société prend le titre de CRÉDIT EUROPÉEN.

ART. 3.

Sa durée sera de 99 ans à partir de ce jour, avec faculté de prolongation. Ses opérations commencent immédiatement.

ART. 4.

Le siége principal de la Société est établi à Francfort, siége de la Diète de la confédération germanique. Il pourra être transféré dans telle autre ville d'Europe qui serait choisie par le Conseil d'administration établi ci-après, suivant décision prise à une majorité des trois quarts de ses membres.

La Société pourra établir des succursales ou agences dans les autres pays d'Europe.

TITRE II.

Opérations de la Société.

ART. 5.

Les opérations de la Société consistent progressivement :
1° A consolider la fortune et le crédit publics, et à favoriser le

développement des productions agricoles, de l'industrie, du commerce et des travaux d'utilité générale ;

2° A mobiliser et convertir, pour un temps limité ou non limité, en billets de circulation, tous titres et valeurs immobiliers et mobiliers, rentes, hypothèques, métaux précieux, or, argent, obligations, et généralement toutes valeurs créées par les États ou Sociétés particulières ;

3° A créer et émettre, contre espèces ou valeurs représentatives suffisantes, des billets de circulation ;

4° A escompter à un intérêt réduit, ou à échanger contre des valeurs de circulation, tous billets, lettres de change et valeurs de commerce dont les risques auront été ou non garantis par une assurance ;

5° A organiser une vaste assurance destinée à couvrir toute espèce de risques mobiliers et immobiliers ;

6° A constituer des rentes viagères ou pour un laps de temps déterminé ;

7° A soumissionner tous emprunts et travaux publics ;

8° A souscrire ou acquérir tous titres publics ou d'entreprises particulières, fondées ou à fonder, et à faire toutes opérations de banque, sur métaux précieux, valeurs mobilières et immobilières ;

9° A ouvrir des crédits, comptes courants et de dépôts, et à prêter sur valeurs ;

10° A vendre, échanger ou donner en nantissement tous titres et valeurs dont elle serait propriétaire ;

11° A fournir des lettres de crédit ou billets de circulation, payables au pair sur toutes les places d'Europe ;

12° A opérer tous recouvrements et paiements, et à tenir une caisse de dépôts pour métaux précieux et valeurs.

ART. 6.

La Société ne pourra jamais faire d'achats à primes ni de ventes à découvert.

Toute opération autre que celles indiquées dans les présents statuts est interdite.

TITRE III.

Des billets de circulation.

ART. 7.

Les billets de circulation du Crédit Européen seront de diverses natures, savoir :

1° Billets portant ou non intérêts;

2° Billets au porteur ou à ordre;

3° Billets à échéances fixes, à vue, à vue après échéance fixe, ou à un certain nombre de jours de vue.

Leur division quant aux places de paiement aura lieu comme suit :

1° Billets payables au siége principal de l'administration ;

2° Billets payables dans une succursale déterminée ;

3° Billets payables, soit au siége principal de l'administration, soit dans une des succursales de la Société ;

4° Billets payables au siége social, dans toutes les succursales ou chez tous les banquiers membres du Conseil consultatif ou correspondants de la Société, établis dans chacune des principales villes d'Europe.

ART. 8.

Le Conseil d'administration déterminera l'intérêt, la forme et le montant des diverses coupures des billets de circulation, en se conformant aux lois des Etats dans lesquels ces billets seront destinés à circuler, et en respectant tous priviléges que les gouvernements auraient accordés à des tiers, établissements de banque, de crédit ou autres.

Les billets pourront être imprimés en une ou plusieurs langues, et ils seront conçus en francs ou en monnaie de l'union allemande, livres sterling, florins, thalers, roubles, marcs-banco, piastres, réaux, etc., selon leur destination.

ART. 9.

Tous les billets de circulation du Crédit Européen seront payables dans le système de monnaie qui y est indiqué, ou en monnaie du pays où le paiement en serait réclamé. Le paiement se fera au pair, en ramenant seulement les différentes monnaies au même titre, sans aucune perte de change.

Tous les billets non encore échus pourront être remboursés par la Société, moyennant une simple commission fixée à l'avance, sans aucune réduction pour intérêts ni à titre de prime pour change.

Art. 10.

Outre la garantie qui résulte du capital du Crédit Européen, proportionnellement à sa réalisation, aucun billet de circulation, payable à vue, ne pourra être émis que contre espèces ou valeurs suffisantes, d'une réalisation certaine et journalière. Aucun billet de circulation payable à échéance déterminée ne pourra être émis que contre valeurs suffisantes, réalisables quinze jours au moins avant l'époque du paiement dudit billet.

Et, de plus, le montant total des émissions de billets de circulation payables à vue, ne pourra, dans aucun cas, dépasser dix fois le montant total des sommes réalisées et conservées en caisse pour faire face à leur paiement journalier. Cet encaisse devra toujours régulièrement exister sous forme d'espèces, de lingots ou de titres de rente des États d'Europe. Les titres de rente ne seront comptés, dans cette évaluation, qu'à raison de 75 0/0 du cours authentique au moment de leur dépôt dans les caisses de la Société.

Art. 11.

Tous les billets de circulation seront imprimés, numérotés, timbrés et signés au siége général de la Société seulement, et dès que l'impression sera terminée, les planches seront détruites ou déposées sous scellés, avec toutes précautions nécessaires.

Art. 12.

Lors de la liquidation de la Société, à quelque époque et pour quelque cause qu'elle ait lieu, le montant des billets en circulation sera d'abord prélevé sur l'actif social et déposé, en lingots ou en espèces, dans les caisses du trésor du gouvernement du pays où le siége de l'administration générale se trouvera établi, afin de faire face au remboursement desdits billets au fur et à mesure de leur présentation.

TITRE IV.

De la surveillance des gouvernements.

Art. 13.

Toutes les opérations de la Société peuvent être surveillées et controlées par les divers gouvernements d'Europe.

En conséquence, le commissaire que chaque gouvernement jugerait utile de déléguer à cet effet, soit près du siége social, soit près de la succursale établie dans son État, aurait droit d'examen et de vérification journalière sur tous les actes quelconques de l'administration, de manière à s'assurer de l'exécution complète des statuts, et à constater, notamment, qu'aucune émission de billets ne puisse avoir lieu que contre représentation suffisante et sous les garanties stipulées par l'article 10 ci-dessus.

Les frais de cette surveillance seront à la charge de la Société, chaque fois que les gouvernements le désireront.

TITRE V.

Fonds social. — Actions. — Versements.

Art. 14.

Le fonds social est fixé à un milliard de francs, représenté par deux millions d'actions de 500 fr. chacune.

Art. 15.

Une première série d'un million d'actions est seule en émission, quant à présent.

Les actions restantes seront successivement émises, sur la décision du Conseil d'administration, au fur et à mesure des besoins de la Société.

Art. 16.

.Les porteurs des actions émises et les comparants au présent acte auront un droit de préférence à la souscription au pair des actions restant à émettre, dans la proportion de neuf dixièmes pour les actionnaires et un dixième pour les comparants. La répartition, au profit des actionnaires, sera proportionnelle au nombre de titres possédés par chacun d'eux. Ceux des actionnaires qui n'auront pas un nombre suffisant d'actions pour en obtenir au moins une dans la nouvelle émission, pourront se réunir pour exercer leurs droits.

Le Conseil d'administration déterminera les formes et délais dans lesquels le bénéfice des présentes dispositions pourra être réclamé.

Art. 17.

Les titres définitifs d'actions sont au porteur et se transmettent par simple tradition.

Ils sont extraits d'un registre à souche, numérotés et revêtus de la signature de deux directeurs, ou d'un administrateur et d'un directeur. Ils portent le timbre sec de la Société.

Art. 18.

Le montant des actions est payable au siège social ou chez les correspondants de la Société spécialement désignés à cet effet, dans les proportions et aux termes qui sont fixés par le Conseil d'administration.

Art. 19.

Les appels de fonds seront faits par le Conseil d'administration, au moyen d'annonces insérées, quinze jours à l'avance, dans deux des journaux de la ville où le siége de l'administration générale se trouvera établi, de celles où des succursales seront installées, et de celles où des souscriptions d'actions auront été ouvertes.

Art. 20.

Les premiers versements seront constatés par des certificats provisoires au porteur, portant un numéro d'ordre, et remis aux souscripteurs.

Ces certificats provisoires seront signés par l'un des administra-

teurs de la Société ou par toute autre personne déléguée par le Conseil d'administration pour recevoir les souscriptions. La remise des
titres définitifs aura lieu lors du dernier versement des actions.

ART. 21.

A défaut de versement aux époques indiquées, les numéros des
certificats provisoires seront publiés comme défaillants dans les journaux indiqués par l'art. 19.

Quinze jours après cette publication, sans aucune mise en demeure
ni formalité judiciaire, la Société aura le droit de faire procéder à la
vente des actions par les voies et moyens qu'elle avisera, pour le
compte et aux risques et périls des retardataires.

Les certificats provisoires des actions ainsi vendues deviendront nuls
de plein droit, et il en sera délivré de nouveaux aux acquéreurs. L'actionnaire exproprié aura deux années pour réclamer l'excédant, déduction faite des intérêts et frais, du prix provenant de la vente sur les
sommes dues à la Compagnie. Après l'expiration des deux années,
l'excédant appartiendra à la Société.

ART. 22.

Toute somme dont le paiement sera retardé portera de plein
droit intérêts au profit de la Société, à raison de cinq pour cent par
an, à compter du jour de l'exigibilité.

ART. 23.

Chaque action donne droit à une part proportionnelle au nombre
d'actions émises dans la propriété de l'actif social et dans le partage
des bénéfices annuels.

ART. 24.

Toute action est indivisible. La Société ne reconnaît qu'un propriétaire pour chaque action.

ART. 25.

Les droits et obligations attachés à l'action suivent le titre.

La possession d'une action emporte de plein droit adhésion aux
statuts de la Société et aux décisions de l'assemblée générale.

Art. 26.

Les héritiers ou créanciers d'un actionnaire ne peuvent, sous quelque prétexte que ce soit, provoquer l'apposition de scellés sur les biens et valeurs de la Société, en demander le partage ou la licitation, ni s'immiscer dans son administration. Ils doivent, pour l'exercice de leurs droits, s'en rapporter aux inventaires sociaux et aux délibérations de l'Assemblée générale.

Art. 27.

Tout actionnaire peut déposer ses titres d'actions dans la caisse sociale, et réclamer en échange un récépissé nominatif. Le Conseil d'administration règle la forme des récépissés et les droits auxquels ce dépôt peut donner lieu au profit de la Compagnie.

Art. 28.

Les actionnaires ne sont engagés que jusqu'à concurrence de chaque action. Au delà, tout appel de fonds est interdit.

TITRE VI.

Fondation et organisation.

Art. 29.

Tous frais d'organisation du Crédit Européen, jusqu'à ce jour, sont fixés, à forfait, à un pour cent du fonds social déterminé par l'article 14 des présents statuts.

Cet un pour cent sera passé en frais de premier établissement, pour être amorti en dix années, et sera payé à M. Mancel de Valdouer, fondateur, contre sa quittance, de la manière suivante : moitié dans le mois de la constitution définitive de la Société, et l'autre moitié en deux parts égales de six mois en six mois, à partir de cette constitution.

Ce paiement ainsi effectué libérera entièrement la Société de toute réclamation quelconque à cet égard.

TITRE VII.

Conseil d'administration.

Art. 30.

La Société est administrée par un *Conseil d'administration* composé de quinze membres au moins et de cinquante au plus, nommés par l'Assemblée générale des actionnaires.

Art. 31.

Le Conseil d'administration se renouvelle chaque année par la nomination d'un cinquième des membres.

Les membres sortants, jusqu'à complète réélection, sont d'abord désignés par le sort et ensuite par ordre d'ancienneté d'élection. Ils peuvent toujours être réélus.

Art. 32.

En cas de vacances réduisant le nombre des membres du Conseil au-dessous du minimum fixé par l'art. 30, le Conseil pourvoit provisoirement au complément de ce minimum, et l'Assemblée générale procède, dans sa première réunion, à l'élection définitive.

L'administrateur ainsi nommé ne demeure en fonctions que pendant le temps qui reste à courir de l'exercice de son prédécesseur.

Art. 33.

Le Conseil choisit chaque année, parmi ses membres, un président et deux vice-présidents, qui peuvent toujours être réélus.

En cas d'absence du président et des vice-présidents, il désigne, pour chaque séance, celui des membres présents qui doit remplir les fonctions de président.

Le Conseil choisit également son secrétaire.

Art. 34.

Le Conseil d'administration se réunit au siége social aussi souvent que l'intérêt de la Société l'exige, et au moins une fois par mois.

Art. 35.

La présence de cinq membres au moins est nécessaire pour la validité des délibérations.

Les noms des membres présents sont constatés en tête du procès-verbal de la séance.

Art. 36.

Les délibérations du Conseil d'administration sont prises, sauf ce qui est dit aux art. 4 et 46, à la majorité des membres présents. En cas de partage, la voix du président est prépondérante. Aucun vote ne peut être donné par procuration.

Art. 37.

Les délibérations du Conseil sont constatées par des procès-verbaux inscrits sur un registre tenu au siége de la Société, et signées par le président de la séance et par deux autres administrateurs.

Les copies ou extraits des délibérations à produire, partout où besoin sera, sont certifiées par le président du Conseil ou le membre qui en remplit les fonctions.

Art. 38.

Indépendamment des jetons de présence dont la valeur est réglée par l'assemblée générale, les administrateurs sont indemnisés de leurs frais de déplacement et jouissent de la part d'intérêt qui leur est accordée par l'art. 63 ci-après.

Art. 39.

Chaque administrateur doit, dans le mois de sa nomination, déposer dans la caisse de la Société cinquante actions qui resteront inaliénables pendant la durée de ses fonctions.

Art. 40.

Le Conseil a les pouvoirs les plus étendus pour l'administration générale de toutes les affaires de la Société, et notamment il surveille le Comité des directeurs ; il autorise par ses délibérations tous achats ou ventes, toute émission de billets de circulation, tous crédits et comptes d'escomptes, toute assurance, toutes soumissions, cessions et réalisations d'emprunts, toutes avances sur dépôt de valeurs, tous traités, compromis, transactions, transferts, retraits de fonds, emprunts, dépôts, enfin toutes actions judiciaires tant en demandant qu'en défendant.

Il détermine l'emploi des fonds de la Société. Il autorise toutes les dépenses et fait tous les règlements de la Société.

Il nomme et révoque les principaux agents et employés, détermine leurs attributions, fixe leurs appointements et gratifications, et le chiffre de leur cautionnement, s'il y a lieu.

Il fixe tous les dividendes provisoires, arrête tous comptes qui doivent être soumis à l'Assemblée générale, et fait un rapport à ladite Assemblée sur la situation des affaires sociales.

Tous les actes émanant directement du Conseil d'administration doivent être signés par le président, par un vice-président, ou bien par deux membres du Conseil.

Art. 41.

Le Conseil d'administration peut déléguer ses pouvoirs au Comité de direction dont il sera question ci-après ; il peut les déléguer en tout ou partie, à un ou plusieurs de ses membres, par un mandat spécial, pour un temps limité ou pour des objets déterminés.

Art. 42.

Par dérogation à l'art. 30, le premier Conseil d'administration est composé de MM.

Ils sont autorisés, s'ils le jugent utile, à s'adjoindre de nouveaux membres, pour compléter avec eux le maximum fixé par l'art. 30.

Art. 43.

Le renouvellement de ce Conseil ne commencera qu'à partir de la cinquième année sociale.

Art. 44.

Les membres du Conseil d'administration ne contractent aucune obligation collective ou personnelle, à raison de leurs fonctions. Ils ne répondent que de l'exécution de leur mandat.

TITRE VIII.

Comité de Direction.

Art. 45.

Un *Comité de direction* est établi pour gérer toutes les affaires de la Société.

Ce Comité est composé d'un président et de sept membres au plus, dont trois peuvent être pris dans le Conseil d'administration.

Le Comité de direction s'adjoint un secrétaire général et au besoin deux secrétaires, pour n'agir toutefois que sous sa surveillance et son contrôle.

Art. 46.

Les directeurs sont nommés et démissionnés par le Conseil d'administration, à la majorité des deux tiers des membres présents.

Le Conseil d'administration détermine le cautionnement à fournir par les directeurs.

Tous droits ultérieurs des directeurs contre la Société sont éteints de plein droit à partir du jour de leur démission.

Les noms des directeurs doivent être publiés dans les journaux indiqués par l'article 19.

Art. 47.

Le Comité de direction est l'organe actif et exécutif du Crédit Européen. Il est chargé de l'exécution des décisions prises par le Conseil d'administration et de la conduite spéciale des opérations de la Société, qu'il représente dans toutes les entreprises, affaires et conventions, traités avec des autorités ou avec des tiers, ainsi que dans toutes les contestations et procédures judiciaires. Il nomme et révoque tous les employés secondaires de la Société, et suspend même tous employés supérieurs jusqu'à ce que le Conseil d'administration en ait décidé.

Art. 48.

Le Comité de direction du Crédit Européen porte la raison sociale de la Société et signe pour elle.

Toute signature du Comité de direction au nom de la Société doit, pour être valable, être donnée par le président ou par deux des directeurs, avec le contre-seing du secrétaire général.

Art. 49.

Les directeurs se réunissent en comité trois fois par semaine et plus souvent si les affaires de la Société l'exigent. Leur réunion a lieu au siége social ou ailleurs s'ils le jugent utile. Le Comité de direction ne peut délibérer qu'avec la présence de trois membres au moins et ses délibérations sont prises à la majorité des membres présents. En cas de partage, la voix du président est prépondérante. En l'absence du président du Comité de direction, les directeurs désignent pour chaque séance celui des membres qui doit présider.

Les décisions du Comité de direction sont portées sur un registre spécial et doivent être signées par le président et par un membre au moins. Le secrétaire général assiste, avec voix consultative, aux séances du comité, dresse et contre-signe le procès-verbal des délibérations; les secrétaires peuvent y être appelés avec voix consultative.

Art. 50.

Le président du Comité de direction assiste de droit aux séances du Conseil d'administration avec voix consultative. Les directeurs peuvent également être appelés par ledit Conseil.

Art. 51.

Les directeurs ne peuvent conclure avec le Crédit Européen, ni directement ni indirectement, aucune affaire pour leur compte. Ils ne peuvent non plus se faire ouvrir personnellement un crédit.

Art. 52.

Les membres du Comité de direction reçoivent une rémunération annuelle dont le chiffre est déterminé par la première Assemblée générale. Jusqu'à cette première Assemblée, ce chiffre est fixé à

18,000 fr. pour chacun des directeurs, à 12,000 fr. pour le secrétaire général, et à 9,000 fr. pour chacun des deux secrétaires.

La responsabilité des membres du Comité de direction est limitée
à l'exécution de leur mandat.

ART. 53.

Par dérogation à l'art. 45, le Comité de direction, pour la première
année sociale, est composé de MM.

TITRE IX.

Conseil consultatif.

ART. 54.

Outre le Conseil d'administration et le Comité de direction, précédemment établis, il est institué un *Conseil consultatif* composé de
banquiers correspondants de la Société.

Ce Conseil est nommé par le Conseil d'administration.

Un membre est choisi pour chacune des villes les plus importantes
d'Europe.

Le premier Conseil consultatif est composé de MM.

ART. 55.

Les membres du Conseil consultatif sont les correspondants directs
de la Société pour toutes ses affaires sur leur place. Ils ont droit, par
privilége, à s'intéresser, s'ils le jugent convenable, dans les opérations
qu'elle entreprend.

Toute proposition émanant d'eux est de droit soumise aux délibérations du Conseil d'administration.

ART. 56.

Le Conseil consultatif peut être réuni, sur la convocation du Conseil d'administration, pour donner son avis sur les affaires impor-

tantes de la Société. Chaque membre dudit Conseil peut être, en outre, individuellement consulté par le Comité de direction.

L'avis donné par les membres du Conseil consultatif ne peut dans aucun cas les obliger à une responsabilité quelconque. Tout déplacement leur donne droit à une indemnité.

TITRE X.

Des Succursales et des Comités d'État.

Art. 57.

Des succursales ou agences du Crédit Européen seront établies par le Conseil d'administration dans les principaux États d'Europe.

Chacune de ces succursales ou agences sera administrée au nom de la Société par un *Comité d'État*, composé des membres du Conseil d'administration résidant dans le pays où la succursale ou agence sera établie, et des délégués que le Conseil d'administration jugerait utile d'y attacher.

Art. 58.

Le Comité d'État sera chargé de l'étude préparatoire des affaires spéciales au pays dans lequel il siégera. Chaque affaire que le Comité d'État aura jugée digne de l'attention de la Société sera renvoyée par lui au Conseil d'Administration, qui en décidera définitivement.

Art. 59.

Le Comité d'État, pour les opérations courantes de la Société, pourra déléguer ses pouvoirs à un secrétaire, qui signera, par procuration, en la forme suivante : « Le secrétaire du Comité d'État de X. »

Art. 60.

Toutes les lettres de change et mandats de fonds, les endossements, acceptations, quittances, reconnaissances de gage et obligations de toute espèce devront, pour engager la Société, être signés par un membre du Comité d'État et par le secrétaire.

Art. 61.

Dans les pays où le Conseil d'administration reconnaîtra l'utilité de solliciter une autorisation légale pour l'établissement d'une succursale, il aura pleins pouvoirs à cet effet, et dans ce cas il sera autorisé à consentir, en traitant avec les gouvernements, toute modification aux présents statuts qui lui paraîtra compatible avec leur économie générale.

TITRE XI.

Comptes et inventaires annuels.

Art. 62.

L'année sociale commence le premier janvier et finit le trente et un décembre.

A la fin de chaque année sociale, un inventaire général de l'actif et du passif est établi par les soins du Comité de direction.

Le premier inventaire établira la situation au 31 décembre 1858.

Les comptes sont arrêtés par le Conseil d'administration, pour être soumis à la prochaine Assemblée générale, qui les approuve ou les rejette, et fixe les dividendes, après avoir entendu le rapport du Conseil d'administration.

Si les comptes ne sont pas approuvés par l'Assemblée, elle a le droit de nommer des commissaires pour les examiner et faire leur rapport à la prochaine réunion.

TITRE XII.

Partage des bénéfices annuels.

Art. 63.

Les produits de chaque année, déduction faite de toutes les charges, constituent les bénéfices annuels.

Il est prélevé annuellement sur ces bénéfices :

1° Cinq pour cent du capital des actions émises, à titre d'intérêt dudit capital;

2° Cinq pour cent des bénéfices restants, pour être versés au fonds de réserve.

Le restant des bénéfices est réparti dans les proportions suivantes :
1° — 10 0/0 pour les administrateurs et le Comité de direction;
2° — 5 0/0 pour les employés;
3° — 85 0/0 pour les actionnaires, à titre de dividende.

Le Conseil d'administration détermine chaque année le mode de répartition des 5 0/0 attribués aux employés, dont partie peut être affectée à créer des caisses de retraite et de secours pour eux et leurs veuves.

Le paiement des dividendes se fait chaque année, aux époques fixées par le Conseil d'administration, tant au siége principal de la Société qu'à ses succursales ou agences.

Art. 64.

Le Conseil d'administration est autorisé à distribuer aux actionnaires, à la fin du premier semestre de chaque année, les bénéfices réalisés, jusqu'à concurrence de 5 0/0 du capital versé sur les actions émises. Les sommes ainsi payées viennent en déduction du premier prélèvement annuel stipulé dans l'article précédent.

Art. 65.

Les intérêts et dividendes touchés ne peuvent, dans aucun cas, être sujets à rapport.

Art. 66.

Les intérêts et dividendes non réclamés dans les cinq ans de leur exigibilité sont prescrits au profit de la Société.

TITRE XIII.

Fonds de réserve.

Art. 67.

Le fonds de réserve est composé de la totalité des sommes produites annuellement par le prélèvement à faire sur les bénéfices, en exécution de l'art. 63.

Lorsque le fonds de réserve atteindra le chiffre de vingt-cinq millions de francs, le prélèvement affecté à sa création cessera d'avoir lieu. Il reprendra son cours si la réserve vient à être entamée.

Dans le cas où les bénéfices destinés à former les dividendes annuels ne produiraient pas 5 0/0 des fonds versés sur les actions, la différence pourrait être prise sur le fonds de réserve.

L'emploi du fonds de réserve est déterminé par le Conseil d'administration.

TITRE XIV.

Assemblée générale.

ART. 68.

L'Assemblée générale, régulièrement constituée, représente l'universalité des actionnaires.

Elle se réunit de droit, chaque année, dans le courant du mois d'avril ou du mois de mai.

Elle se réunit, en outre, extraordinairement toutes les fois que le Conseil d'administration en reconnaît l'utilité.

Le Conseil d'administration fixe chaque année le jour, l'heure et le lieu des réunions de l'Assemblée générale.

La première Assemblée générale n'aura cependant lieu qu'en 1859.

ART. 69.

L'Assemblée générale se compose de tous les actionnaires porteurs de 25 actions ou plus.

Les actionnaires porteurs de 25 actions ou plus doivent, pour avoir droit d'assister à l'Assemblée générale, déposer leurs titres au siége de la Société ou à celui d'une de ses succursales. Le dépôt à l'administration générale doit avoir lieu cinq jours au moins avant la réunion, et celui aux succursales, huit jours avant ladite Assemblée.

Il est délivré au déposant un reçu qui lui sert de carte d'admission.

La liste des déposants, portant le nom de chaque actionnaire et le nombre d'actions qu'il a déposées, est tenue à la disposition de tous les actionnaires qui veulent en prendre connaissance et remise sur le bureau, le jour de la réunion.

ART. 70.

Nul ne peut se faire représenter à l'Assemblée que par un mandataire membre de ladite Assemblée.

ART. 71.

L'Assemblée est régulièrement constituée lorsque les membres présents ou représentés sont au nombre de 50.

Si cette condition n'est pas remplie sur une première convocation, il en est fait une seconde à quinze jours au moins d'intervalle.

Les membres présents à la seconde réunion délibèrent valablement, quel que soit leur nombre, mais seulement sur des objets à l'ordre du jour de la première.

ART. 72.

Les convocations de l'Assemblée générale sont faites quinze jours au moins avant la réunion, par un avis inséré dans les journaux indiqués en l'article 19.

En cas de seconde réunion, le délai entre la convocation et le jour de la réunion peut être réduit à dix jours.

ART. 73.

L'Assemblée générale est présidée par le président ou par l'un des vice-présidents du Conseil d'administration et, à leur défaut, par l'administrateur que le Conseil désigne.

Les deux plus forts actionnaires présents ou, sur leur refus, ceux qui les suivent dans l'ordre de la liste, jusqu'à acceptation, sont appelés à remplir les fonctions de scrutateurs.

Le bureau désigne le secrétaire.

ART. 74.

Les délibérations de l'Assemblée sont prises à la majorité des voix des membres présents.

Le porteur de 25 à 50 actions a droit à une voix. Chaque nombre de cinquante autres actions donne droit à une nouvelle voix, sans qu'aucun membre puisse avoir plus de cinq voix, tant en son nom personnel que comme mandataire.

Art. 75.

L'ordre du jour est arrêté par le Conseil d'administration.

Toute proposition portant la signature de dix membres et communiquée audit Conseil quinze jours au moins avant la convocation de l'Assemblée, est inscrite dans l'ordre du jour.

Aucun objet autre que ceux à l'ordre du jour ne peut être mis en délibération.

Art. 76.

L'Assemblée générale entend le rapport du Conseil d'administration sur la situation des affaires sociales, et délibère sur toutes les propositions à l'ordre du jour.

Elle discute, approuve ou rejette les comptes.

Elle fixe le dividende et nomme les administrateurs toutes les fois qu'il y a lieu.

Enfin, elle prononce souverainement sur tous les intérêts de la Société, et confère au Conseil d'administration les pouvoirs nécessaires pour les cas non prévus aux présents statuts.

Art. 77.

Les délibérations de l'Assemblée obligent tous les actionnaires, même absents ou dissidents.

Art. 78.

Les délibérations de l'Assemblée sont constatées par des procès-verbaux inscrits sur un registre spécial, et signés par la majorité des membres composant le bureau.

Une feuille de présence, destinée à constater le nombre des membres assistant à l'Assemblée et celui de leurs actions, demeure annexée à la minute du procès-verbal. Elle doit porter les mêmes signatures.

Art. 79.

Pour les justifications à faire, vis-à-vis des tiers, des délibérations de l'assemblée, il est délivré des copies ou extraits de ces délibérations certifiés conformes par le président du Conseil d'administration, par celui des administrateurs qui en remplit les fonctions, ou par deux des directeurs.

TITRE XV.

Modifications aux statuts.

ART. 80.

L'Assemblée générale peut, sur l'initiative du Conseil d'administration, apporter aux présents statuts toutes les modifications reconnues utiles, et même prolonger la durée de la Société.

En cas de modifications statutaires, les convocations doivent contenir l'indication sommaire de l'objet de la réunion, et les délibérations ne sont valables qu'autant qu'elles réunissent les deux tiers des voix des membres présents.

Le Conseil d'administration est de plein droit autorisé à réaliser tous les actes nécessaires à l'exécution de ces délibérations.

TITRE XVI.

Dissolution. — Liquidation.

ART. 81.

En cas de perte de la moitié du capital souscrit, la dissolution de la Société peut être prononcée par l'Assemblée générale, avant l'expiration du délai fixé pour sa durée.

Le mode de convocation et de délibération prescrit par l'art. 80 doit être suivi pour valider cette délibération.

ART. 82.

A l'expiration de la Société, ou en cas de dissolution anticipée, l'Assemblée générale, sur la proposition du Conseil d'administration, nomme un ou plusieurs liquidateurs et règle le mode de liquidation.

TITRE XVII.

Dispositions générales.

Art. 83.

Le Conseil d'administration, outre les pouvoirs qui lui sont donnés par les présentes, est autorisé à rattacher à la société au moyen d'une fusion partielle ou totale, ou à acheter toutes Sociétés de crédit, de banque ou industrielles déjà existantes. Il peut également traiter de l'achat ou de la fusion de toute société nouvelle qui s'établirait par la suite; mais, dans ce dernier cas, la convention serait soumise à l'approbation de l'Assemblée générale.

Art. 84.

Le domicile légal de la Société est toujours de droit au siége de son administration générale et entraîne attribution de juridiction pour toutes les contestations qui pourraient s'élever à raison d'affaires sociales, soit entre les actionnaires et la Société, soit entre les actionnaires eux-mêmes.

Tout actionnaire, en cas de contestation, devra faire élection de domicile dans le ressort judiciaire où sera placé le siége social de la Société, et tous actes seront valablement faits à ce domicile élu, sans avoir égard à la distance de la demeure réelle.

A défaut d'élection de domicile, cette élection aurait lieu de plein droit, pour toute notification judiciaire, au cabinet du magistrat destiné, suivant le pays, à la réception d'actes de cette nature.

Art. 85.

Tous pouvoirs sont donnés au porteur d'une expédition ou copie des présentes pour remplir les formalités nécessaires à leur validité.

Dont acte.

Fait et passé à Francfort, l'an mil huit cent cinquante-sept, le

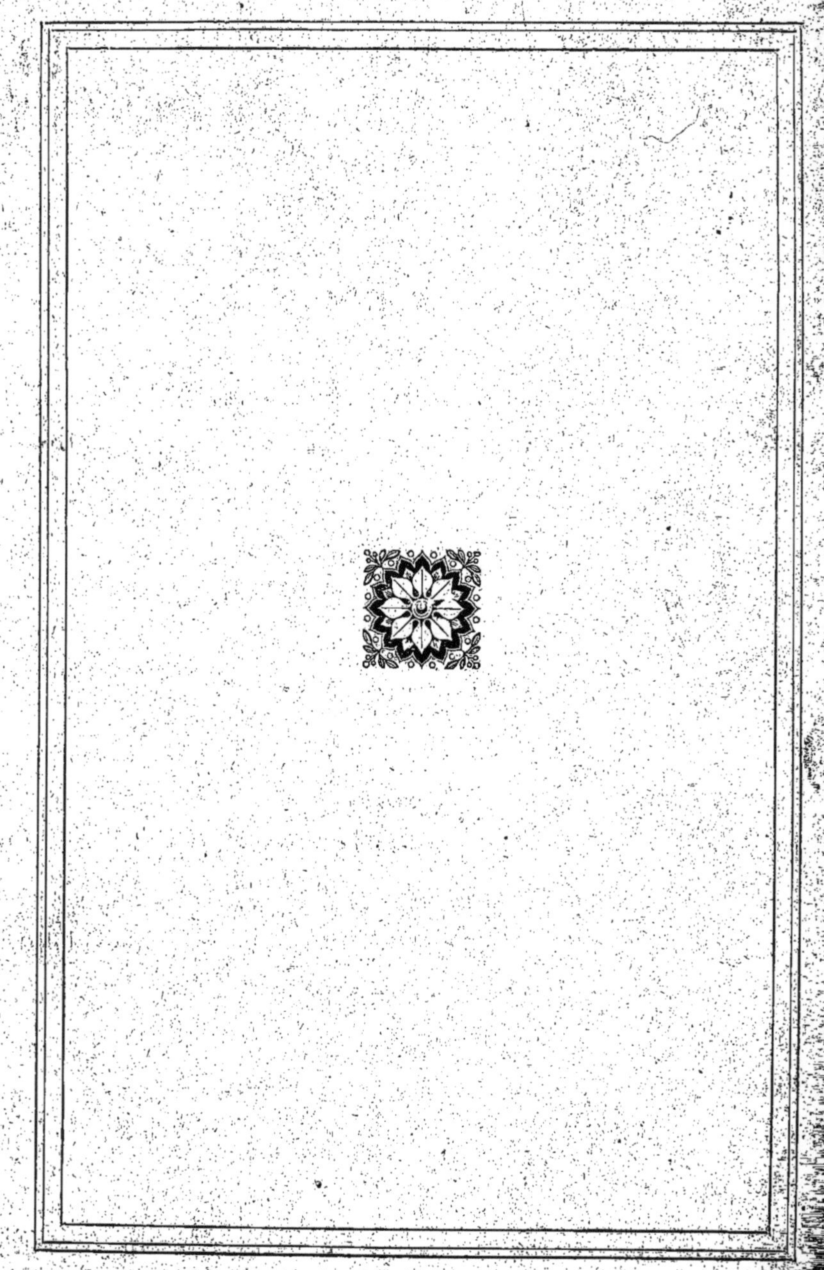